CW01287824

Matthias Morgenroth
Du und Ich

Matthias Morgenroth

Du und ICH
zusammen sind wir stark

Mit Illustrationen von Bärbel Witzig

Kaufmann Verlag

Bibliografische Information Der Deutschen Bibliothek

Die Deutsche Bibliothek verzeichnet diese Publikation in der Deutschen Nationalbibliografie; detaillierte bibliografische Daten sind im Internet über http://dnb.ddb.de abrufbar.

1. Auflage 2011
© 2011 Verlag Ernst Kaufmann, Lahr
Dieses Buch ist in der vorliegenden Form in Text und Bild urheberrechtlich geschützt. Jede Verwertung ist ohne Zustimmung des Verlags Ernst Kaufmann unzulässig und strafbar. Dies gilt insbesondere für Nachdrucke, Vervielfältigungen, Übersetzungen, Mikroverfilmungen und die Einspeicherung und Verarbeitung in elektronischen Systemen.

Printed by Leo Paper
ISBN 978-3-7806-2792-6

Inhalt

Drachen steigen lassen 6
Als Emmi fast eine Schachtel geschenkt
bekommen hätte 10
Als Jojo beinah verhungert wäre. 15
Die roten Schuhe 20
Das Kamel 24
Einkaufen gehen 29
Der Geburtstagskuchen 34
Der Kindergeburtstag. 39
Das braune Ungetüm 43
Die dritte Pfütze 47
Der Baum. 51
Der Brief. 55
Das Fahrrad 60
Das andere Mädchen. 65
Der Flohmarkt 69
Die Übernachtung 73

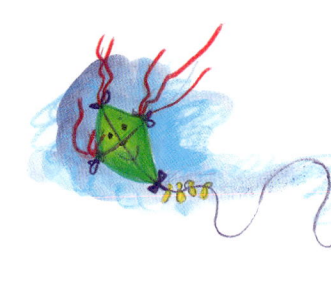

Drachen steigen lassen

An dem Tag, an dem Jojo mit Emmi Drachensteigen lassen will, ist Emmi nicht da.

Als Jojo am gelben Haus klingelt, in dem Emmi wohnt, sagt ihre Mama: „Sie ist schon alleine rausgegangen."

„Alleine?", fragt Jojo und schaut sich um. „Ohne mich? Sie ist doch meine Freundin!"

Jojo beschließt, alle Lieblingsplätze abzusuchen.

Aber Emmi ist nicht am Feldweg zwischen dem gelben und dem roten Haus, wo sie sich sonst immer treffen. Emmi ist nicht beim Wassergraben, wo man Schiffe fahren lassen kann. Emmi ist auch nicht hinter dem Holunderbusch, wo sie ein kleines Lager gebaut haben.

Da beginnt Jojo sich Sorgen zu machen.

„Vielleicht will sie nicht mit mir spielen", überlegt er. „Sonst hätte sie auf mich gewartet und wäre nicht alleine rausgegangen."

Er ruft: „Emmi, wo bist du?"

Keine Antwort. Da macht sich Jojo noch mehr Sorgen.

„Vielleicht mag sie mich nicht mehr", sagt er leise zu sich. „Sonst würde sie ja antworten!"

Plötzlich fühlt sich Jojo furchtbar traurig. Wie soll er denn bitteschön alleine den Drachen zum Fliegen bringen? Das kann keiner, nicht mal, wenn man schon vier Jahre alt ist wie Jojo und sehr schnell laufen kann.

Traurig trottet Jojo über die große Wiese, auf die der Wind herabfährt und ein wenig an seinem Drachen zupft und zerrt.
„Alleine kannst du nicht fliegen", sagt Jojo zu seinem Drachen, „einer muss dich halten und einer muss loslaufen. Also braucht man zwei."
Da hört er, wie jemand seinen Namen ruft. „Jojo!"
Er schaut sich um, aber niemand ist zu sehen.

„Weiter oben!", hört er es rufen, und jetzt erkennt er die Stimme.
Es ist Emmi.
Sie sitzt weit oben in dem alten Baum.
„Schau mal, wie weit ich hinaufgeklettert bin", ruft sie von oben. „Ganz alleine!"
Jojo findet es überhaupt nicht besonders toll, dass Emmi ganz alleine soweit auf den Baum hinaufgeklettert ist.
„Warum willst du nicht mehr mit mir spielen?", ruft er zu Emmi nach oben.
„Wieso denkst du das?", fragt Emmi zurück.

„Weil du ganz alleine da raufgeklettert bist!", sagt Jojo. „Und weil du ganz alleine rausgegangen bist! Und weil du überhaupt nicht geantwortet hast, als ich dich überall gesucht habe!"

„Du hast mich eben nicht dort gerufen, wo ich war! Aber jetzt freue ich mich, dass du endlich da bist", sagt Emmi und klettert nach unten. „Willst du Drachen steigen lassen?"

Jojo schaut seinen Drachen an und nickt.

„Wie willst du das denn alleine schaffen?", fragt Emmi. „Komm, ich helfe dir!"

Da ist Jojo plötzlich so glücklich, dass er in die Luft hüpft.

Und dann hält Emmi den Drachen in den Wind und Jojo saust mit der Schnur in der Hand davon.

Als Emmi fast eine Schachtel geschenkt bekommen hätte

Als Jojo einmal vor dem gelben Haus eine schöne alte Schachtel findet, beschließt er, sie Emmi zu schenken.

„Emmi freut sich, wenn sie diese Schachtel bekommt", denkt er bei sich.

„Aber", überlegt er dann, „in eine Schachtel gehört etwas hinein. Sonst ist sie nutzlos und leer!"

Jojo geht zu seiner Mama. „Hast du etwas zum Reintun?", fragt er.

„Zum Wo-Reintun?", fragt sie zurück.

„Zum Bei-mir-Reintun", sagt Jojo.

„In dich rein geht am besten Schokolade", meint Mama und gibt ihm ein Stück.

Jojo stopft die Schokolade aber nicht wie sonst in sich hinein, sondern in die Schachtel, die er Emmi schenken will.

Als er nach draußen geht, um zu sehen, ob Emmi schon auf ihn wartet, hört er jemanden weinen.

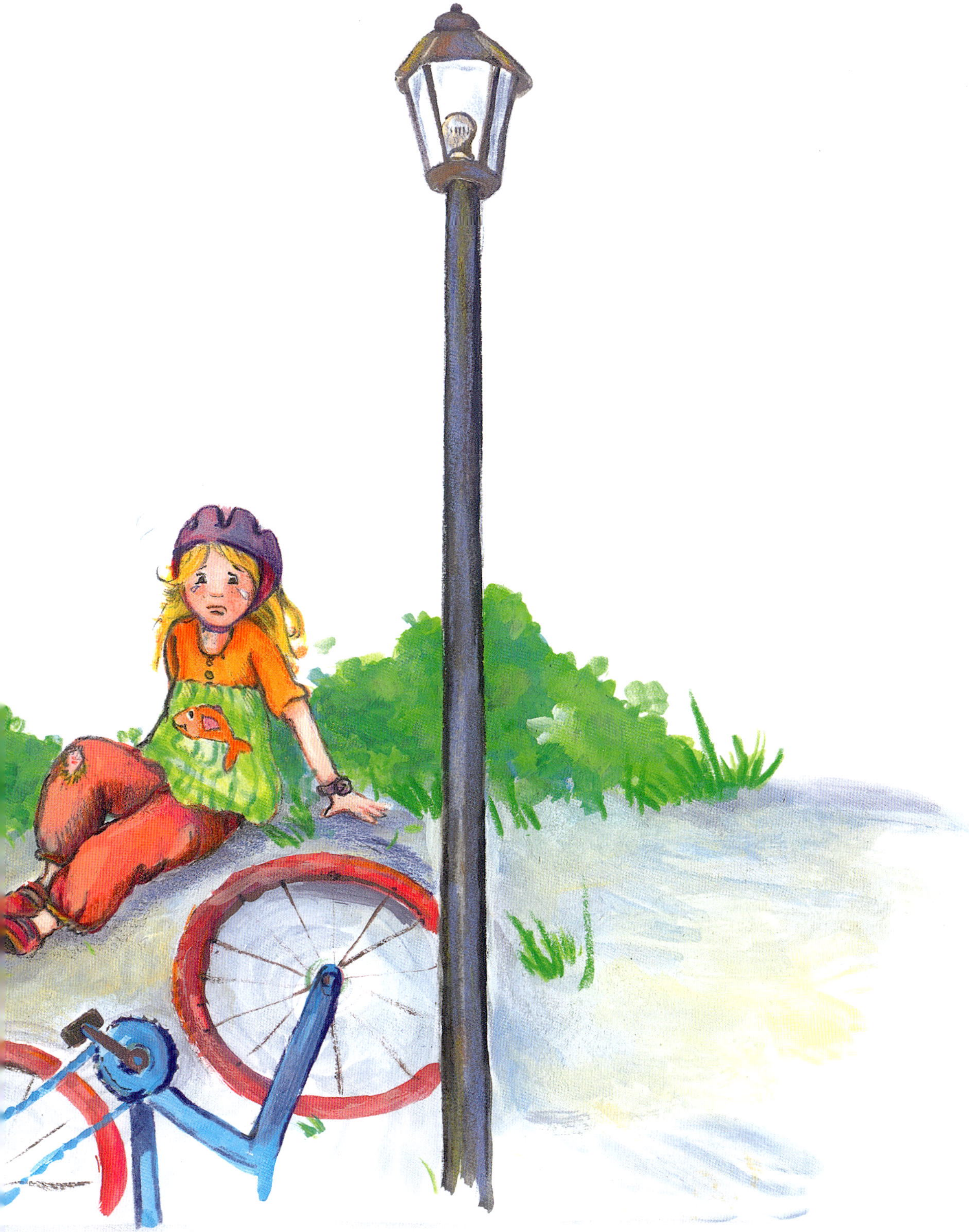

Es ist seine große Schwester Jana, die da weint. Denn sie ist beim Fahrradfahren über einen großen Stein gefahren und da hat es das Fahrrad mitsamt Jana umgehauen.

„Hast du dir wehgetan?", fragt Jojo besorgt, als er Jana neben ihrem Fahrrad auf dem Erdboden sitzen sieht.

„Wenn man vom Fahrrad fällt, tut das immer weh!", antwortet Jana.

Jojo überlegt. Wenn *ihm* etwas wehtut, dann hilft ein Pflaster und manchmal auch ein Stück Schokolade. „Hier", sagt er zu Jana und greift in seine Schachtel, „ich schenke dir mein Stück Schokolade!"

Jana schnieft noch einmal. Dann nimmt sie die Schokolade aus Jojos Hand.

„Danke!", sagt sie und lächelt schon wieder. Da weiß Jojo, dass es die richtige Idee gewesen war, Jana die Schokolade zu schenken. Auch wenn sie eigentlich für Emmi gedacht war.

Jojo geht weiter, um nach Emmi zu schauen. Denn immerhin kann er ihr jetzt noch seine wunderschöne alte Schachtel schenken. Auch wenn nichts mehr drin ist.

Vorne bei der Garage trifft er Papa, der gerade am Boden herumkriecht.

„Warum kriechst du am Boden herum?", fragt Jojo erstaunt. Denn eigentlich kann Papa natürlich schon längst laufen.

„Weil mir mein Glas mit meinen Schrauben heruntergefallen ist", sagt Papa und seufzt. „Jetzt muss ich die Schrauben aufsammeln und weiß gar nicht, wo ich sie hineintun soll. Denn das Glas ist zwei Hälften zersprungen!"

Da schaut Jojo auf die Schachtel.

„Hier, Papa", sagt er, „du kannst diese Schachtel für deine Schrauben haben. Sie ist gerade leer geworden!"

„Oh, danke!", sagt Papa erfreut.

Vor dem gelben Haus steht Emmi und winkt.

„Emmi", ruft Jojo, „stell dir vor, was du beinah von mir geschenkt bekommen hättest! Eine wunderschöne alte Schachtel mit einem leckeren Stück Schokolade drin!"

„Oh", sagt Emmi. „Nicht schlecht!"

„Ja", nickt Jojo. „Aber leider hat deine schöne Schachtel jetzt mein Papa, weil seine Schrauben genau hineingepasst haben. Ist das nicht schön zu wissen, dass deine Schachtel so nützlich ist?"

Emmi nickt und findet das auch.

„Und dein Schokoladenstück musste Jana essen, damit ihr Knie heilt", erklärt Jojo weiter. „Ist das nicht schön zu wissen, Emmi, dass dein Schokoladenstück heilen kann?"

„Oh", sagt Emmi wieder. „Wenn du wieder mal so eine tolle Schachtel und so ein tolles Schokoladenstück hast, schenkst du beides dann wieder mir?"

„Abgemacht", nickt Jojo und ist sehr zufrieden mit sich und der Welt.

Als Jojo beinah verhungert wäre

An dem Tag, an dem Jojo beinah verhungert wäre, scheint die Sonne. Und die Vögel zwitschern lustig. Nur Jojo ist nicht lustig.
Erst hat er seine Kindergarten-Brotzeit zu Hause vergessen. Dann gibt's zum Mittagessen im Kindergarten ausgerechnet Lauchpizza. Wo Jojo doch nur Pizza mit Käse und Tomaten mag.
Und jetzt ist es Nachmittag, und Mama hat keine Zeit, sondern Gäste. Und Papa arbeitet. Und deshalb kümmert sich niemand um seinen Hunger!
Jojos Bauch ist schon ganz hohl. Probehalber trommelt er ein paar Mal drauf. Der Bauch knurrt zurück.
„Vielleicht verhungere ich bald", seufzt Jojo. Da klingelt es an der Tür und draußen steht Emmi.
„Komm mit zum Kiosk", sagt sie. „Wenn wir zu zweit gehen, dürfen wir für Papa eine Fernsehzeitung kaufen."
„Ich weiß nicht, ob ich noch bis zum Kiosk gehen kann", meint Jojo.
Aber ausprobieren kann man es ja mal. Und so gehen sie los. Emmi springt und hüpft. Jojo schleicht hinterher. Vor lauter Hunger.
„Oh, ich habe Kundschaft", sagt die Kioskfrau, als die Kinder sich auf die Zehenspitzen stellen.

„Wir brauchen eine Fernsehzeitung!", sagt Emmi.
Jojo läuft das Wasser im Mund zusammen. Im Kiosk sieht er Äpfel, Bananen, weiße Mäuse, Gummischlangen, Lakritze und noch so allerhand.
„Die Fernsehzeitungen sind heute schon alle ausverkauft", sagt die Kioskfrau. „Leider."
„Oh", sagt Emmi.
„Oh", sagt auch Jojo und hält sich seinen knurrenden Bauch. Emmi sieht ihn an und dann schaut sie auf die leckeren Sachen im Kiosk.
„Haben Sie auch etwas gegen Hunger?", fragt sie schließlich.
„Gegen Hunger?" Die Kioskfrau lacht. „Gegen Hunger habe ich Käsebrötchen, Äpfel, Bananen oder die Sachen aus den süßen Dosen."
„Weiße Mäuse zum Beispiel?", fragt Jojo.
Die Kioskfrau nickt.
„Und Gummischlangen?", fragt Jojo mit sehnsuchtsvoller Stimme.

„Ja, Gummischlangen auch", antwortet die Kioskfrau. „Obwohl das eigentlich nicht wirklich etwas gegen Hunger ist. Gummischlangen und weiße Mäuse sind was für den Nachtisch."

Jojo und Emmi nicken, denn daran haben sie auch schon gedacht.

„Wenn ich euch etwas raten darf", sagt die Kiosk-Frau, „dann rate nehmt euch jeder einen Apfel gegen den Hunger und eine Gummischlange als Nachtisch."

Und so machen sie es.

„Es ist ja ein Notfall", sagt Emmi, „da wird ja wohl jeder verstehen, dass man statt einer Fernsehzeitung etwas gegen Hunger kaufen muss. Und danach noch etwas zum Nachtisch."

Vorsichtshalber kaufen sie noch eine Lakritzschnecke, extra für Emmis Papa, zum Trost. Weil es doch keine Zeitung für ihn gibt. Zusammen kostet das genauso viel wie eine Fernsehzeitung.

Der Apfel schmeckt herrlich frisch und saftig, findet Jojo. Genau das Richtige, wenn man kurz vor dem Verhungern ist! Und die Gummischlange schmeckt herrlich gummelig und grün. Genau das Richtige zum Nachtisch, wenn man schon nicht mehr ganz so sehr am Verhungern ist.

Als Jojo zu sich nach Hause kommt, ruft Mama schon aus der Küche: „Kannst du den Tisch decken? Zum Abendessen gibt es Lauchpizza!"

Lauchpizza! Schon wieder! Da weiß Jojo, dass Emmi seine letzte Rettung gewesen ist. Sonst wäre er verhungert. Ganz sicher.

Die roten Schuhe

An dem Tag, an dem Emmi mit den neuen roten Turnschuhen ankommt, ist Jojo sauer.

„Schau nur, meine neuen roten Turnschuhe", sagt Emmi und streckt die Füße vor.

„Ah", murmelt Jojo und fragt sich, warum *er* keine neuen Turnschuhe bekommt.

„Mit meinen neuen roten Turnschuhen kann man prima hüpfen", sagt Emmi und hüpft vor seiner Nase auf und ab. „Schau doch!"

„Aha", grummelt Jojo und schaut extra nicht hin. Es ist schon manchmal ziemlich ungerecht, findet er. Jojos braune Turnschuhe hat vor ihm schon seine große Schwester Jana eine Zeit lang angehabt, bis sie aus ihnen herausgewachsen ist. Und jetzt sind es seine geworden.

„Mama", sagt Jojo am Abend, „findest du meine Füße nicht ziemlich groß?"

„Ziemlich", nickt Mama.

„Und findest du nicht, dass große Füße große neue Turnschuhe brauchen?", fragt Jojo weiter.

Mama stutzt. „Sind dir deine alten Schuhe zu klein?"

Jojo nickt erst.

Dann schüttelt er den Kopf.

„Nein, nicht direkt zu klein. Aber zu *alt*. Und überhaupt nicht rot."

„Müssen denn Turnschuhe rot sein?", fragt Mama erstaunt.

„Emmis neue Turnschuhe sind rot", sagt Jojo. „Mit denen kann man prima hüpfen!"

Mama lacht und wuschelt Jojo über den Kopf.

„Ach so", sagt sie, „weil Emmi neue Turnschuhe hat, willst du auch neue haben."

Jojo nickt hoffnungsvoll.

Aber Mama sagt: „Schuhe sind teuer, mein Kind. Warten wir noch ein paar Wochen, dann kommt der Herbst. Dann kaufen wir dir neue Winterstiefel. Bis dahin werden deine Turnschuhe schon noch genügen."

Es ist schon manchmal sehr ungerecht, findet Jojo.

Am nächsten Tag regnet es. Als Emmi an der Tür klingelt, um Jojo abzuholen, will er erst nicht mit hinausgehen. Aber dann geht er doch.

Im Graben bauen sie einen kleinen Kanal für Jojos Holzschiff. Dann laufen sie über den matschigen Acker und über die sumpfige Wiese hinüber zu dem alten Baum, um ein wenig zu klettern. Dann spielen sie Fußball mit Jojos Ball.

Plötzlich stutzt Jojo. „Du hast ja deine neuen roten Turnschuhe gar nicht an", sagt er und deutet auf Emmis Füße.

„Doch", sagt Emmi, „schau doch!"

Aber Jojo sieht nur braune, schlammige Schuhe. Sie sehen überhaupt nicht rot aus.

„Aber ich weiß, dass sie eigentlich rot sind", sagt Emmi. „Drunter."

„Unter was?", fragt Jojo.

„Unter dem Braun", sagt Emmi.

Sie streckt einen Fuß in die Luft. „Und ich weiß auch, dass sie neu sind", sagt sie. „Unten drunter."

Jojo überlegt. „Meine sind auch eigentlich rot", sagt er und deutet auf Janas alte Turnschuhe, die jetzt seine Turnschuhe sind.

„Echt?", fragt Emmi.

Jojo nickt. „Ja. Drunter. Tief drunter. Und neu sind sie auch. Sehr tief drunter!"

„Das passt ja gut", ruft Emmi. „Wir passen gut zusammen! Hüpf mal!"
Jojo hüpft und findet, dass er auch in seinen alten Turnschuhen ziemlich hoch hüpfen kann. Vielleicht sogar noch höher als Emmi.

Das Kamel

An dem Tag, als das Kamel Jojos Unterhose von der Wäscheleine frisst, ist Emmi die Einzige, die ihm glaubt.

„Mama", sagt er aufgeregt, als er aus dem Fenster schaut. „Ein Kamel steht vor unserem Gartenzaun!"

„Kamele gibt es bei uns nicht", sagt Mama und liest weiter Zeitung.

„Papa", ruft Jojo aufgeregt, „jetzt frisst es meine Unterhose von der Wäscheleine!"

„Kamele fressen keine Unterhosen", sagt Papa und spült weiter ab.

Ist das nicht ärgerlich? Niemand glaubt ihm, dass da vor dem Haus ein Kamel steht. Ein braunes, zotteliges Kamel mit einem langen Hals. So lang, dass es bis zur Wäscheleine kommt. Genüsslich kaut es auf Jojos Unterhose herum.

Jojo läuft zu seiner großen Schwester Jana. „Ein Kamel hat meine Unterhose gefressen", sagt er und schüttelt sie. „Schau doch, schau aus dem Fenster!"

Jana schaut. „Kein Kamel weit und breit", stellt sie fest. „Jojo, du träumst."

Und tatsächlich – als Jojo jetzt wieder aus dem Fenster schaut, ist das Kamel verschwunden. Allerdings – seine Unterhose hängt auch nicht mehr auf der Leine!

„Ich träume nicht!", sagt Jojo und läuft hinüber zum gelben Haus, in dem Emmi wohnt.

„Wir müssen ein Kamel suchen", sagt er zu ihr.
„Ein Kamel?", fragt Emmi und zieht sich ihre Jacke an. „Wie spannend!"
Wenigstens Emmi glaubt ihm! Jojo nimmt sie bei der Hand und zieht sie hinaus zur Wäscheleine.
„Hier hing meine Unterhose!", sagt er und deutet nach oben. „Und hier stand ein Kamel und hat sie gefressen!"
„Da sind ja auch so komische Spuren!", sagt Emmi und zeigt auf den weichen Boden. Tatsächlich, am Gartenzaun entlang führen große Tierspuren.
„Ich dachte immer, Kamele wohnen in Afrika", sagt Emmi.
„Und ich dachte immer, Kamele fressen Blätter", sagt Jojo.
Aber man kann sich ja mal täuschen. Deshalb machen sie sich auf den Weg, um das Kamel zu finden. Sollen doch Mama und Papa und Jana denken, was sie wollen. Emmi und Jojo wissen, dass es dieses Kamel wirklich gibt!

Sie gehen über den Feldweg bis zur großen Wiese. Kein Kamel zu sehen.

„Vielleicht ist es kein Wiesenkamel, sondern ein Waldkamel", meint Emmi.

Sie gehen über die Wiese bis zum Waldrand. Immer noch kein Kamel zu sehen.

„Vielleicht ist es kein Waldkamel, sondern ein Wasserkamel", meint Emmi.

Sie gehen am Waldrand entlang bis zum Wassergraben. Und was sehen sie?

Auf der anderen Seite des Wassergrabens steht das Kamel. Wirklich und wahrhaftig. Braun und zottelig. Und vor dem Kamel steht ein Kamelwärter.

„Da staunt ihr", sagt er. „Das ist Ulla, unser Kamel!"

„Hallo Ulla!", sagen Emmi und Jojo und sind sehr stolz, dass sie das Kamel gefunden haben.

„Ulla ist ein Zirkuskamel", sagt der Kamelwärter. „Kommt doch morgen Nachmittag zu unserer Vorstellung. Dann seht ihr ihre Kunststücke. Heute darf sie noch spazieren gehen und sich die Landschaft anschauen."

„Das Kamel heißt Ulla", sagt Jojo zu Mama und Papa, als er wieder zu Hause ist.

„Kamele heißen nicht Ulla", meint Papa nur und Mama lacht.

Die haben ja keine Ahnung!

Einkaufen gehen

Heute haben Jojo und Emmi eine wichtige Aufgabe. Sie gehen einkaufen. Denn Jojos Mama liegt krank im Bett und sein Papa ist in der Arbeit.
„Nehmt meinen Geldbeutel mit", sagt Jojos Mama, „und eine Einkaufstasche."
„Machen wir", antworten die beiden. Sie sind ja zu zweit, da kann einer das Geld tragen und der andere die Einkaufstasche.
„Merkt euch, was wir brauchen", sagt Jojos Mama matt. Sie brauchen eine Tüte Buchstaben-Suppe, eine Packung Schoko-Kekse und Tomaten-Soße.
„Puh", sagt Emmi, „das ist aber viel zum Merken!"
„Ich weiß, wie wir es machen", sagt Jojo. „Wir teilen uns das Merken, schließlich sind wir zu zweit!"
Und so machen sie es.
Emmi merkt sich „Buchstaben" und Jojo merkt sich „Suppe".
Emmi merkt sich „Schoko" und Jojo merkt sich „Kekse".
Und schließlich merkt sich Emmi „Tomaten" und Jojo „Soße".
Jetzt kann ja nichts mehr schiefgehen, finden die beiden, nehmen Geldbeutel und Einkaufstasche und gehen den Fußweg hinüber zum Marktplatz.

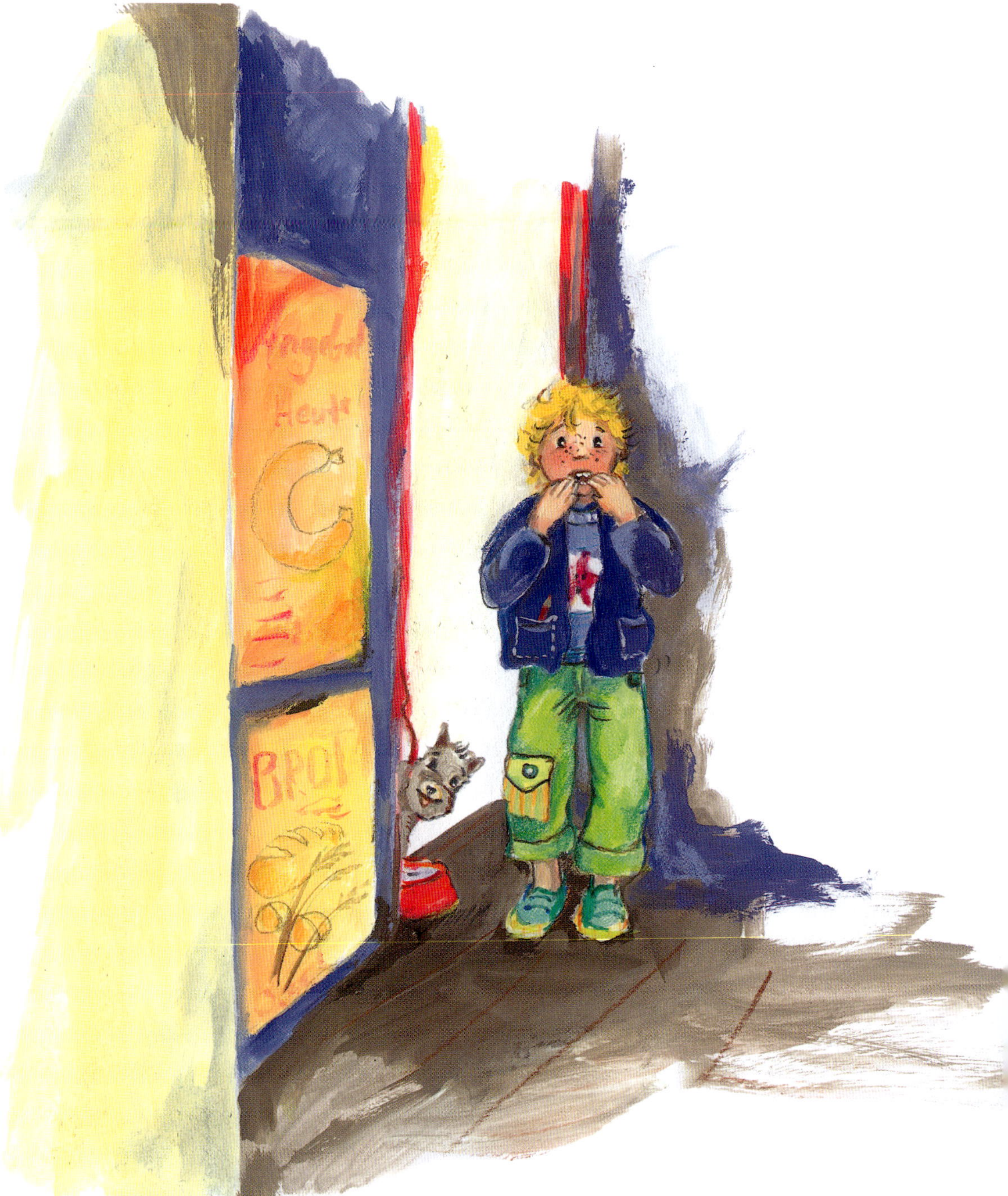
Heute
BROT

Emmi sagt sich die ganze Zeit „Buchstaben", „Schoko" und „Tomaten" vor, damit sie nichts vergisst. Und Jojo sagt sich die ganze Zeit „Suppe", „Kekse" und „Soße" vor, damit auch er nichts vergisst.

Am Marktplatz beobachten sie erst noch einen Regenwurm. Das hätten sie allerdings besser nicht tun sollen. Denn wer an Regenwürmer denkt, denkt nicht mehr an Schoko-Kekse, Buchstaben-Suppe oder Tomaten-Soße.

„Was wollten wir uns noch mal merken?", fragt Jojo nachdenklich, als sie im Laden stehen.

„Buchstaben", antwortet Emmi, denn das war ja auch ihr erstes Wort.

„Und ich hab mir Kekse gemerkt", sagt Jojo stolz. „Also brauchen wir Buchstaben-Kekse."

Sie legen sie in den Einkaufswagen. Dann überlegen sie weiter.

„Ich sollte mir noch Schoko merken", sagt Emmi.

„Und ich Soße", ergänzt Jojo.

Also kaufen sie auch noch Schoko-Soße.

„Was brauchen wir jetzt noch?", fragt Jojo.

„Mein letztes Merk-Wort war Tomaten", sagt Emmi.

„Genau! Und mein letztes Wort war Suppe", ruft Jojo voller Begeisterung darüber, dass sie sich so gut erinnern können.

„Das macht zusammen Tomaten-Suppe", sagt Emmi und holt eine Packung.

An der Kasse legen sie die Buchstaben-Kekse, die Schoko-Soße und die Tüte mit der Tomaten-Suppe auf das Band.

„Irgendetwas kommt mir komisch vor", sagt Jojo, aber er weiß nicht, was es ist.

Emmi zeigt den Geldbeutel und die Kassiererin nimmt sich das passende Geld heraus. Jojo darf dafür die Einkaufstasche nach Hause tragen.

„Oh", sagt Jojos Mama erstaunt, „was habt ihr denn da gekauft?"

„Buchstaben-Kekse, Schoko-Soße und Tomaten-Suppe", sagt Jojo stolz.

Mama kratzt sich am Kopf. „Und ich war mir sicher, dass ich Buchstaben-*Suppe*, Schoko-*Kekse* und Tomaten-*Soße* in Auftrag gegeben habe. Meint ihr nicht, ihr habt die Wörter vertauscht?"

„Das kann eigentlich nicht sein", meint Jojo, „schließlich sind wir zu zweit und haben uns alle Dinge doppelt gut gemerkt."

Und dann essen sie alle zusammen Buchstaben-Kekse.

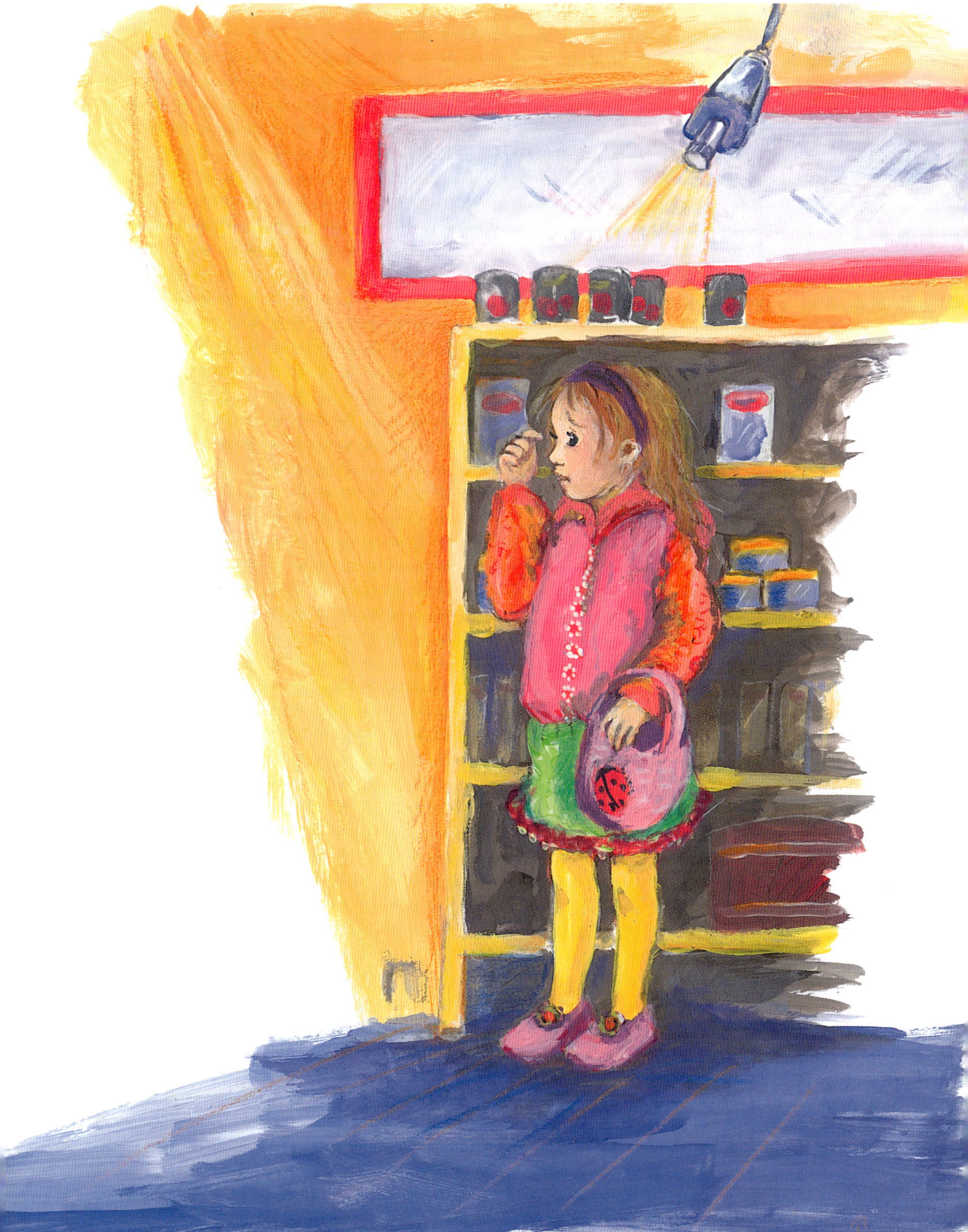

Der Geburtstagskuchen

An dem Tag, an dem Emmi Geburtstag hat, beschließt Jojo, ihr einen Geburtstagskuchen zu backen. Emmi feiert zwar ihren Kindergeburtstag erst am Samstag. Aber, so meint Jojo, trotzdem soll sie heute schon einen Kuchen bekommen.
Es soll ein ganz besonderer Kuchen werden, schließlich ist Emmi seine ganz besondere Freundin.

„Damit ein Kuchen ganz besonders wird, müssen ganz besondere Zutaten rein", überlegt Jojo.

„Was findest du besonders lecker?", fragt er seine große Schwester Jana, die gerade ihre Hausaufgaben macht und zwischendurch auch noch auf ihn aufpasst.

„Fischstäbchen und Schnitzel", sagt Jana.

Aber weil Fischstäbchen und Schnitzel nicht zu einem Geburtstagskuchenteig passen, fragt Jojo sie noch einmal. „Es soll etwas Süßes sein."

„Marzipankartoffeln", sagt Jana. „Und Schokorosinen."

„Aha", sagt Jojo und läuft in die Speisekammer. Tatsächlich entdeckt er ein Päckchen Marzipankartoffeln und ein Päckchen Rosinen. Allerdings ohne Schoko.

„Macht nichts", sagt er und schüttet beides in die Teigschüssel. Dann überlegt er.

„Gummibärchen sind auch besonders", sagt er und schüttet welche hinein.

„Schokolinsen sind auch besonders", sagt er und lässt sie in die Schüssel rieseln.

„Apfelringe sind auch besonders", meint er schließlich und mischt ein paar Apfelringe dazu.

„So", sagt Jojo zufrieden. „Das Besondersleckere haben wir schon mal. Jetzt noch das Normale."

Mehl ist normal für einen Teig, findet Jojo. Und Eier sind normal. Milch auch. Und Zucker. Und ein Päckchen Backpulver.

Er krempelt seine Ärmel hoch und knetet aus all dem Gemisch einen Kuchenteig.

„Kannst du mir bitte den Backofen anstellen?", fragt er seine große Schwester Jana, weil sie das schon darf.

Jana staunt über den besonders leckeren Geburtstagskuchen. Gemeinsam füllen sie den Teig in eine Backform und schieben ihn in den Ofen.

„Wie lange muss er wohl backen?", fragt Jana.

„Das können wir leider nicht wissen", meint Jojo, „weil mein besonderes Rezept in keinem Kochbuch steht."

„Dann backen wir ihn eine halbe Stunde", sagt Jana und stellt die Eieruhr an.
Jojo schaut dem Kuchen beim Braunwerden zu. Nach einer halben Stunde klingelt die Eieruhr, und Jana holt den Kuchen mit dicken Topflappen aus dem Ofen.
„Herzlichen Glückwunsch!", ruft Jojo, als Emmi ihre Wohnungstür öffnet. „Selbstgemacht!"
Emmi freut sich sehr über Jojos Kuchen – genauso, wie Jojo es sich vorgestellt hat.
„Der schmeckt aber sehr besonders", sagt Emmis Mama, als sie ein Stück probiert. Jojo freut sich, dass sie gleich erkannt hat, dass sein Kuchen ein besonderer Kuchen ist.

„Was ist denn da drin?", fragt sie dann, als sie auf einen Apfelring beißt.

„Kartoffeln", sagt Jojo.

„Kartoffeln?", fragt Emmi erstaunt.

Jojo nickt. „Marzipankartoffeln."

„Und was noch?", will Emmis Mama wissen.

„Linsen", sagt Jojo mit vollem Mund.

„Linsen?", wundert sich Emmi wieder. „Und Erbsen auch?"

„Nein", sagt Jojo, „nur Linsen. Schokolinsen. Der Rest vom Rezept ist geheim."

„Na klar", sagt Emmi mit vollem Mund. „Sonst wär's ja nichts Besonderes. Und besonders ist er ja, mein Geburtstagskuchen."

Der Kindergeburtstag

Als Emmi ihren Kindergeburtstag feiert, suchen sie gemeinsam einen Schatz. Fünf Kinder sind eingeladen, weil Emmi fünf Jahre alt wird.

Natürlich ist Jojo auch dabei, schließlich ist Jojo Emmis allerbester Freund. Er wohnt ja auch am allernächsten.

Den Geburtstagsschatz zu finden, ist natürlich nicht leicht, denn irgendjemand hat ihn sehr schwer versteckt. Ein Zauberer sei es gewesen, sagt Emmis Papa. Aber zum Glück hat der Zauberer eine Schatzkarte geschickt, extra für Emmis Kindergeburtstag.

Sehr praktisch, findet Jojo.

Emmi und Jojo schauen sich mit Anna, Pauline, Valentin und Maxi die Schatzkarte ganz genau an. Und bald erkennen sie darauf den Feldweg, den dicken Baum auf der Wiese und die Scheune. Dazwischen sind Pfeile gemalt.

„Das heißt", sagt Emmi, „dass wir zuerst den Feldweg entlanggehen müssen, dann zum dicken Baum auf der Wiese und schließlich zur Scheune!"

Und genauso machen sie es.

„Ich geh voraus", sagt Emmi, denn das darf man ja, wenn man Geburtstag hat.

„Was, wenn dieser Zauberer auf dem Schatz sitzt und ihn bewacht?", fragt Pauline, als sie vorsichtig in die Scheune hineinschauen. Emmi wird es etwas unheimlich.

„Was, wenn dieser Zauberer seinen Schatz nicht hergeben mag?", fragt Maxi, und Emmi wird es noch etwas unheimlicher.

„Was, wenn er uns in Tiere verzaubert?", fragt Valentin. Das kennt man ja schließlich aus Märchen, dass Zauberer so etwas tun.

Genau als Valentin das sagt, flattert eine Taube aus der Scheune.

„Hui", schreien alle, und vorsichtshalber zählt Emmi die Kinder durch. Alle fünf sind noch da. Die Taube war nur eine ganz gewöhnliche Taube gewesen und kein verwandeltes Kind. So ein Glück.

„Geh du vor", sagt Anna zu Emmi, „du hast schließlich Geburtstag und da musst du als Erste gehen."

Emmi nickt zögernd und bleibt stehen.

„Vielleicht ist es sogar gut, wenn wir andern alle ganz draußen bleiben", meint in diesem Augenblick Valentin zu ihr. „Es ist ja *dein* Geburtstagsschatz und *dein* Geburtstag und *deine* Schatzkarte. Da ist es nur gerecht, wenn du auch *alleine* hineingehen darfst."

Emmi nickt wieder. Aber hinein geht sie noch immer nicht. Da sieht Jojo, dass sie Tränen in den Augen hat.

„Ich geh mit rein", sagt er und nimmt sie an der Hand. „Denn ich bin ja *dein* Geburtstagsgast."

Und weil Jojo Emmis Hand hält, will Maxi plötzlich auch mit hinein. Und

weil Maxi sich traut, trauen sich auch Valentin, Pauline und Anna.
„Wir sind fünf Geburtstagsgäste und ein Geburtstagskind", rechnet Jojo vor. „Das macht zusammen sechs. Und *sechs* Kinder werden doch wohl mit *einem* Zauberer fertig werden!"
Aber nicht mal der klitzekleinste Zauberer wartet in der Scheune auf sie. Dafür eine Schatzkiste. Die ist so schwer, dass sie nur alle Kinder gemeinsam nach draußen schleppen können.

„Ohne uns hättest du das nie geschafft, Emmi", sagt Valentin. Er hat wohl vergessen, dass es er gewesen ist, der Emmi allein in die Scheune hineinschicken wollte.

In der Kiste sind sechs Schatzpäckchen. Für jedes Kind genau eins. Emmi darf sich das allererste Päckchen nehmen. Natürlich, sie ist ja das Geburtstagskind.

Das braune Ungetüm

Heute will Emmis Papa mit den Kindern ein Lagerfeuer machen. Jojo und Emmi sammeln im kleinen Wäldchen Holz. Reisig zum Anzünden und dicke Stöcke für die großen Flammen.

Jojo sammelt gerade einen besonders schönen Stock, da hört er Emmi schreien. Das Schreien klingt ziemlich erschrocken.

„Wo bist du?", ruft er.

„Jojo, hoffentlich werde ich nicht gefressen!", hört er Emmi rufen.

Das klingt ziemlich dringend. Jojo packt den besonders schönen Stock und rennt eilig in die Richtung, aus der Emmis Stimme kommt.

Leben es in diesem kleinen Wäldchen Ungeheuer? Drachen sicher nicht, denn die gibt es nur im Märchen.

Als er an den Waldrand kommt, sieht er Emmi. Sie steht wie versteinert da, den Arm voller Holz.

Ihr direkt gegenüber sieht Jojo ein großes braunes Ungetüm. Mit Hörnern. Mit riesigen Augen. Mit dampfenden Nasenlöchern.

Das Ungetüm schaut Emmi an, und Emmi schaut das Ungetüm an.

Jetzt erkennt Jojo, dass das Ungetüm eine Kuh ist. Eine Kuh mit Hörnern, riesigen Augen und dampfenden Nasenlöchern.

„Jojo, hilf mir doch!", ruft Emmi.
„Wie soll ich dir denn helfen!", ruft er Emmi ratlos zu. „Die Kuh ist groß und ich bin erst vier Jahre alt!"
Dann aber überlegt er.
„Kühe fressen Gras und keine Menschen", sagt er, um Emmi zu beruhigen.

„Diese ist vielleicht anders als andere Kühe", ruft Emmi zurück. „Was will sie denn sonst von mir?"
In diesem Augenblick macht die Kuh einen Schritt auf Emmi zu. Vor Schreck lässt sie das Holz fallen und schreit auf.
Da nimmt Jojo all seinen Mut zusammen, packt seinen besonders schönen Stock und springt aus dem Wald auf die Kuh zu.
Die Kuh wendet ihren Kopf zu ihm und glotzt ihn an.
Jojo fuchtelt mit seinem besonders schönen Stock.
Die Kuh schaut interessiert zu.
Jojo macht einen schnellen Schritt auf die Kuh zu, ganz kurz nur, dann springt er wieder zurück.

Die Kuh öffnet ihr Maul und muht.

„Hau ab und lass meine Freundin in Ruh!", schreit Jojo jetzt.

Und siehe da – die Kuh wendet sich ab und trabt gemächlich die Wiese entlang.

„Gerettet!", ruft Jojo und rennt zu Emmi.

Beide sammeln eilig das Holz auf und laufen zu ihrem Feldweg.

„Mit dem Stock fuchteln hat nicht geholfen", sagt Jojo, als sie schon fast zu Hause sind.

„Mit dem Stock fuchteln und auf die Kuh zuspringen hat auch nicht geholfen. Aber mit dem Stock fuchteln, springen und rufen hat geholfen!"

„Vielleicht versteht die Kuh die Menschensprache", sagt Emmi.

Dann bauen sie einen schönen Lagerfeuerhaufen. Den besonders schönen Stock allerdings will Jojo nicht verbrennen. Er braucht ihn noch, falls er wieder einmal jemanden retten muss.

Die dritte Pfütze

An dem Tag, als Jojo und Emmi in einer Pfütze baden gehen, regnet es einen dicken Sommerregen. Eigentlich ist Regen ja nicht das richtige Wetter zum Baden, auch wenn es ein Sommerregen ist. Und eigentlich ist eine Pfütze ja auch nicht so gemütlich wie eine Badewanne.

Mama hat Jojo natürlich Gummistiefel angezogen und keine Badehose. Aber sie hat ja auch noch nicht wissen können, dass dieser Tag für Jojo und Emmi ein Badetag wird.

„Und pass auf, dass du nicht nass wirst", sagt Mama noch, „damit du keinen Schnupfen bekommst". Denn Jojos große Schwester Jana hat schon Schnupfen und will deshalb nicht einmal ihre Nasenspitze in den Sommerregen hinausstrecken.

Aber Jojo will jetzt raus! Den ganzen Tag drinnen herumhocken, das ist nun wirklich nichts für einen Jungen, der schon vier Jahre alt ist und Jojo heißt.

„Wo steckst du denn so lange!", ruft Emmi schon von Weitem. Auch sie hat ihre Gummistiefel an.

Emmi und Jojo laufen über den Feldweg, der genau zwischen dem roten und dem gelben Haus entlang führt.

Jojo und Emmi laufen dorthin, wo der Feldweg am allermatschigsten ist. Es ist der herrlichste Matsch, den man sich denken kann. Genau das Richtige für jemanden, der Gummistiefel anhat.

„Ich kann über die Pfütze springen!", ruft Jojo und springt los.

„Das kann ich auch, was denkst du!", ruft Emmi und springt schon hinterher.

„Ich kann über zwei Pfützen springen!", ruft Jojo und springt über zwei Pfützen.

„Das kann ich doch auch, was denkst du!", ruft Emmi und springt auch über zwei Pfützen.

„Ich kann sogar über drei Pfützen springen!", ruft Jojo.
Leider aber muss etwas mit diesem Sprung nicht richtig funktioniert haben. Oder drei Pfützen sind doch eine Pfütze zu viel. Auf jeden Fall gibt es einen Schrei, einen Platsch und als Emmi wieder hinschaut, sitzt Jojo mitten in der dritten Pfütze.

Erst bekommt Emmi einen Schreck. Aber dann sieht sie, dass Jojo lacht. Mit nassen Haaren und nassen Hosen lacht er.
„Emmi, worauf wartest du? Komm mit in meine Badewanne!", ruft er.
Das lässt sich Emmi nicht zweimal sagen. Schwupps sitzt sie neben ihm. Weil Freunde ja schließlich zusammenhalten

und immer alles gemeinsam machen! Wenn einer ruft, dann kommt der andere. So ist das bei Freunden.

Jetzt allerdings hätten sie eine Badehose gebraucht und keine Gummistiefel! Deshalb ziehen sie die Stiefel auch aus. Und die Socken. Denn so können sie mit den Zehen im Schlamm wackeln.

Danach waschen sie ihre Nasen und Ohren und ihre Gesichter, so wie man es eben in der Badewanne macht.

„Ach du meine Güte!", ruft Emmis Mama in diesem Moment. Sie will eigentlich gerade den Müll in die Mülltonne schmeißen. „Ich kann ja gar nicht erkennen, welcher von den braunen Kerlen Emmi ist und welcher Jojo!"

Jetzt muss der Müll noch warten. Denn zuerst schleppt sie die beiden Schlammkinder in die echte und viel wärmere Badewanne. Und dann schrubbt sie, bis Jojo und Emmi wieder deutlich zu unterscheiden sind.

Der Baum

Einmal sind Jojo und Emmi höher auf den alten Baum geklettert als jemals zuvor. Bis dorthin, wo die Zweige schon ganz dünn werden.

„Wir sind so hoch wie die Vögel", ruft Jojo begeistert.

„Wir können im Wind schaukeln wie die Blätter", ruft Emmi. Jojo klettert noch höher, auf einen Ast, der so dünn ist, dass er sich gefährlich durchbiegt. „Ich kann sogar die Kirchturmspitze sehen!", ruft er.

„Und ich kann ganz klein da unten auf der Wiese einen Hasen erkennen", meint Emmi.

Das hätte sie besser nicht sagen sollen. Denn jetzt schaut Jojo nach unten. Und Unten ist ziemlich weit weg. Da wird es ihm plötzlich ganz schwummrig und schwindlig zu Mute.

„Hilfe", ruft er und klammert sich an sein dünnes Ästchen. „Der Baum dreht sich so komisch!"

„Quatsch", sagt Emmi und schaut besorgt nach oben zu Jojo. „Der Baum steht ganz fest."

„Aber bei mir oben dreht sich alles und schwankt und schaukelt", ruft Jojo ganz verzweifelt.

„Dann komm weiter runter", ruft Emmi zurück. „Bei mir schwankt und schaukelt nichts."

„Ich kann nicht weiter runter kommen", jammert Jojo. „Ich muss mich festhalten. Schau doch, Emmi, schau, jetzt schwankt die Wiese auch!"

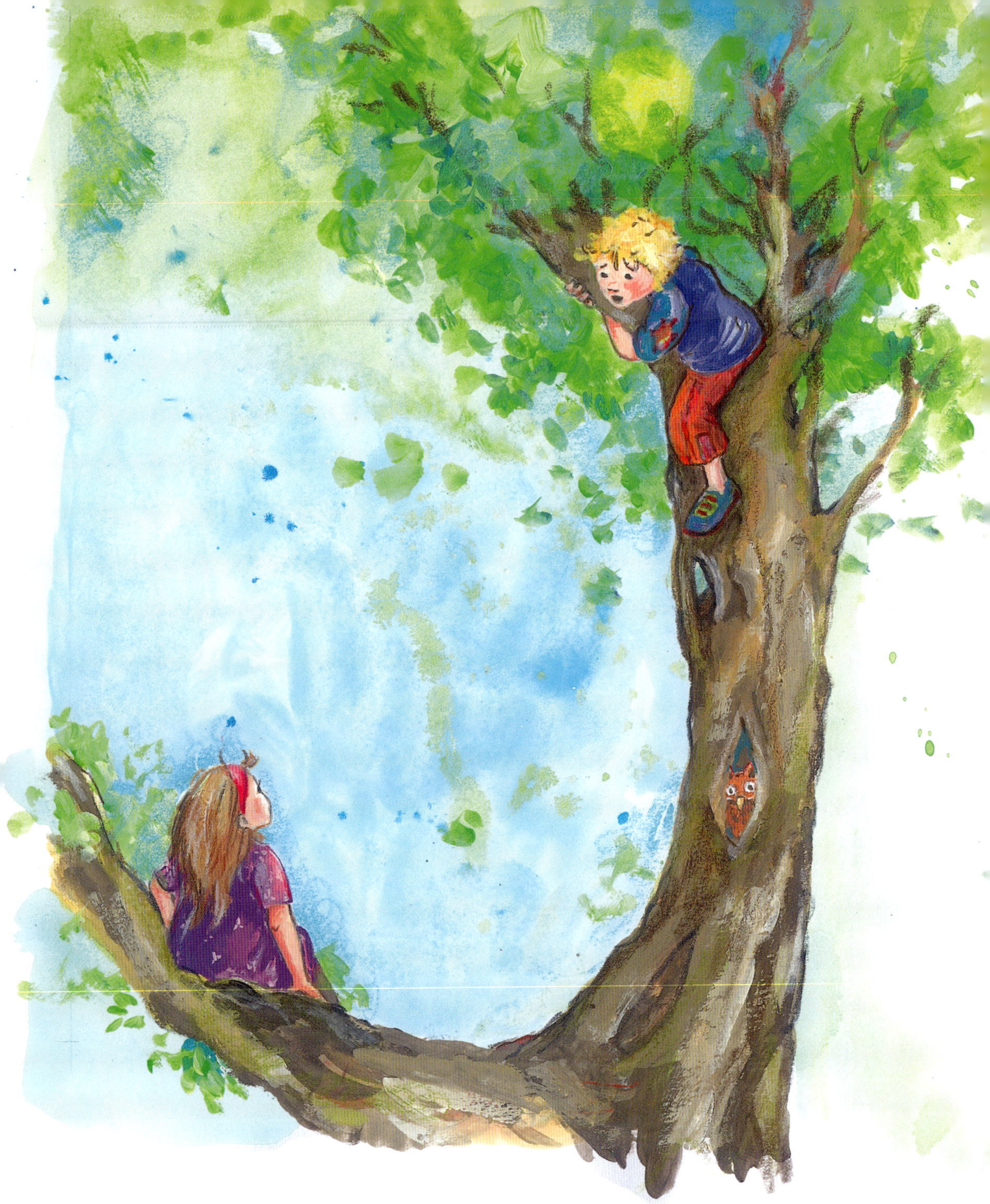

Emmi schaut auf die Wiese, aber sie findet, dass das Gras und die Blumen aussehen wie immer.

Da begreift sie, dass Jojo Höhenangst bekommen hat.

„Bist du sicher, dass du nicht mehr herunterkommen kannst?", fragt sie.

„Nie mehr!", jammert Jojo ängstlich. „Wenn ich mich nur ein kleines Bisschen bewege, falle ich!"

„Dann bewege dich *kein* kleines Bisschen! Ich hole Hilfe!", ruft Emmi und klettert eilig vom Baum.

So schnell sie kann, rennt sie zurück zum gelben und zum roten Haus.

„Jojo fällt beinah vom Baum!", schreit sie schon von Weitem. Und dann ruft sie so laut sie kann: „Hilfe! Hilfe!"

Und da kommen sie alle angelaufen: Jojos Mama, Jojos Papa, Jojos Schwester Jana, Emmis Mama und Emmis Papa!

„Schnell!" Emmi winkt ihnen aufgeregt zu. „Der Baum dreht sich und schwankt!"

Als Erstes erreicht Jojos Papa den alten Baum auf der Wiese und schaut nach oben bis zu den ganz dünnen Ästen.

„Jojo?", ruft er voller Sorge. Dann stutzt er. „Ich kann ihn gar nicht sehen!"

„Er ist auch ganz, ganz weit oben", meint Emmi und muss beinah weinen.

Da schauen auch alle andern ganz genau ganz weit ganz nach oben. Aber keiner sieht Jojo.

„Runtergefallen ist er zum Glück nicht", sagt Jojos Papa, der sich auf der Wiese rings um den alten Baum umgesehen hat.

„Aber er kann doch nicht weggeflogen sein!" Jojos Mama kratzt sich am Kopf.
Aber niemand kann Jojo entdecken. Da bleibt ihnen nichts übrig, als wieder umzukehren.
Als sie heimkommen, sehen sie Jojo, wie er auf der Bank vor dem roten Haus sitzt und mit den Beinen baumelt.
„Wo seid ihr denn alle?", fragt er.
„Wir wollten dich retten, du Dummerchen!", ruft Emmi.
„Mich retten? Wieso?", fragt Jojo zurück.
„Na weil du doch nicht mehr vom Baum runter gekommen bist!", sagt Emmi und wundert sich über so viel Dummheit.
„Vom Baum? Runter?" Jojo grinst. „Das ging doch babyleicht!"
Und dann muss er noch mehr grinsen. Denn es ist schön, wenn man weiß, dass so viele Leute einen beinah gerettet hätten.

Der Brief

An dem Tag, an dem Jojo hohes Fieber hat und auf überhaupt gar nichts Lust hat, darf Emmi ihn nicht besuchen kommen.

„Aber vielleicht freut er sich, wenn ich komme!", meint sie.

„Vielleicht würde er sich freuen", sagt ihre Mama, „aber vielleicht würde er dich anstecken und dann würdest du auch hohes Fieber bekommen!"

Deshalb darf Emmi nicht einmal ganz kurz zu ihrem Freund hinübergehen.

Aber es lässt ihr keine Ruhe, nicht zu wissen, wie es Jojo geht. Muss er weinen? Oder schläft er? Hat er Bauchweh oder Kopfweh?

Emmi beschließt, ihm einen Brief zu schicken. Dummerweise kann sie nicht schreiben.

„Mal ihm doch alles auf, was du gerne mit ihm machen würdest, wenn er wieder gesund ist", schlägt ihre Mama vor.

Deshalb malt Emmi jetzt einen Sandkasten, in dem man gut Löcher buddeln kann. Dann noch einen Drachen, den man steigen lassen kann. Und schließlich noch eine Portion Eis, die man essen kann.

„Wenn ich den Brief in den Postbriefkasten stecke, damit ihn der Postbote austrägt, kommt er vielleicht erst in zwei Tagen an", meint Emmi. „Aber Jojo ist doch *heute* krank!"
„Ich bringe den Brief hinüber", sagt Mama.
Jetzt hat Emmi zwar ihren Brief abgeschickt, aber sie weiß immer noch nicht, wie es Jojo geht und ob er weinen muss oder Bauchweh hat.
„Dazu müsste er *mir* einen Brief schicken!", überlegt sie. Während Mama drüben im roten Haus den Brief abgibt, nimmt Emmi das Telefon und ruft bei Jojo an. Die Nummer kann sie schon längst wählen.
Jojos Mama am anderen Ende der Leitung sagt, dass es Jojo wieder so gut geht, dass er mit ihr sprechen kann. Denn telefonisch kann man sich ja nicht anstecken.
„Ist denn mein Brief schon bei dir angekommen?", fragt Emmi.
„Ja", sagt Jojo. „Gerade eben."
„Du musst mir auch einen Brief schicken", ruft Emmi. „Darin soll dann stehen, wie es dir geht und ob du Kopfweh hast oder weinen musst oder dich nicht bewegen kannst! Damit ich es weiß! Weil ich mir doch Sorgen mache!"
„Einen Brief? Mache ich!", sagt Jojo und legt auf.
Emmi wartet aufgeregt. Nach einer Stunde ist immer noch kein Brief da und sie weiß immer noch nicht, wie es Jojo geht. Da ruft sie noch einmal an. „Jojo, du darfst den Brief nicht in den Postbriefkasten für den Postboten stecken! Du musst ihn gleich zu mir hinüberschicken. Vielleicht kann deine Mama ihn ja bei uns einschmeißen!"

„Es dauert nicht mehr lang", antwortet Jojo.
Dann legt er wieder auf.
Nachdem Emmi noch eine weitere Stunde gewartet hat, klingelt es endlich an der Tür und Jojos Schwester Jana hält einen Brief in der Hand.
„Fur dich, Emmi!", sagt sie.
„Endlich!", ruft Emmi und reißt ihr den Brief aus der Hand.
Im Umschlag steckt ein Bild. Jojo hat seinen Kopf gemalt, sein Bett, seine Kuscheltiere, eine Tasse mit Tee, eine Tablette und ein großes Stück Kuchen.
„Jetzt weiß ich endlich, wie es ihm geht!", sagt Emmi zufrieden.

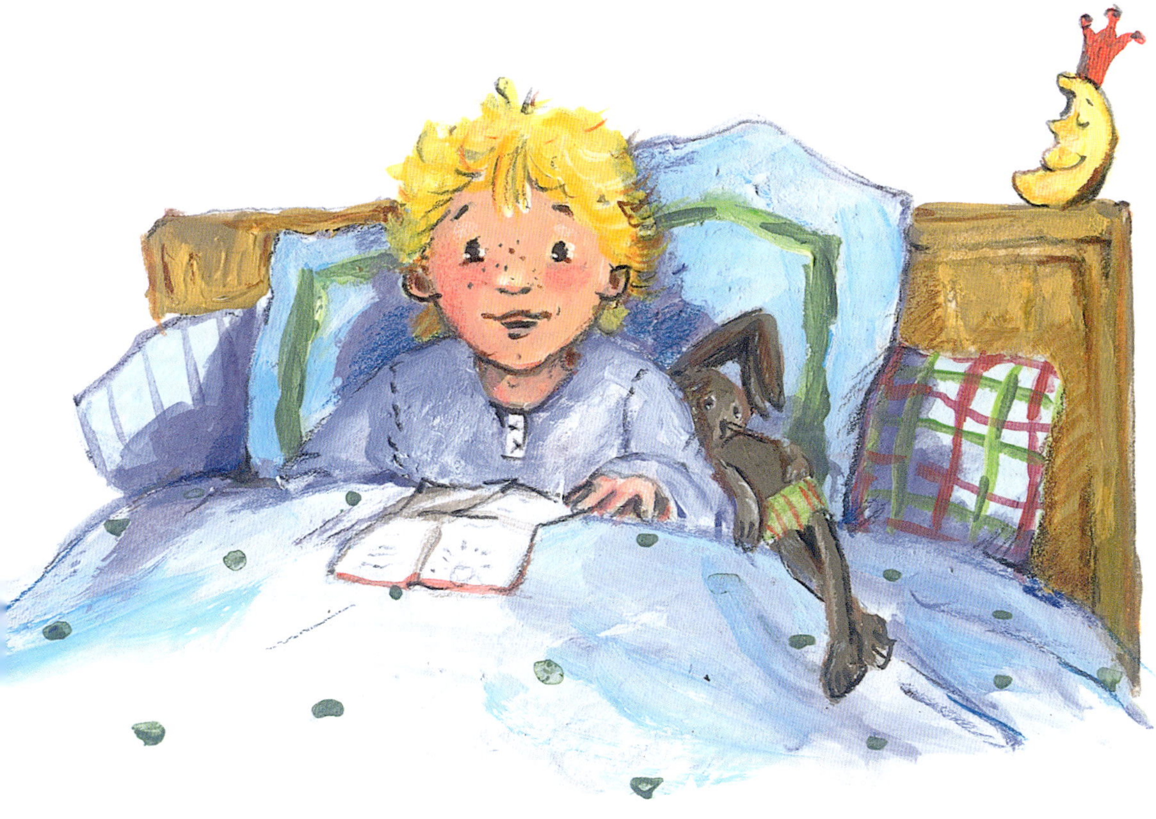

Das Fahrrad

Das Fahrrad, das Jojo zum Geburtstag bekommen hat, funktioniert nicht.
Man kann zwar drauf sitzen, aber nicht damit herumfahren. Dann fällt es um.
„Du musst eben üben!", sagt Jojos Papa.
Aber Jojo will nicht üben. Er will, dass sein Fahrrad sofort fährt.
„Ich könnte dir helfen", sagt Jojos Papa. „Einer muss dich zuerst mal halten."
Aber Jojo will nicht, dass irgendjemand ihm hilft auf einem Fahrrad zu fahren, das sowieso nicht funktioniert. Wütend schmeißt er das Fahrrad in die Wiese.
„So ein saudummes Geschenk!", schimpft Jojo.
„Aber du hast dir doch ein Fahrrad gewünscht", meint seine große Schwester Jana.
„Ich habe mir ein Fahrrad gewünscht, das auch fahren kann", sagt Jojo und geht weg.
Draußen ist Emmi und fährt mit ihrem Roller auf und ab. Sie winkt ihm zu. „Willst du auch mal?"
Jojo überlegt kurz, dann nickt er. Rollerfahren geht schließlich ganz einfach.
Abwechselnd rollern sie hin und her. Plötzlich deutet Emmi auf das Fahrrad, das immer noch in der Wiese liegt. „Darf ich mal probieren?"

„Das fährt nicht", sagt Jojo.
Aber Emmi hat es schon gepackt und versucht aufzusteigen.
„Du hast gelogen!", ruft sie. „Es fährt doch!"
Schon ist sie drei große Kreise um Jojo herumgefahren. Da wird Jojo noch wütender auf das saudumme Fahrrad, das bei anderen fährt und bei ihm nicht.
Am Nachmittag geht Jojo mit Papa und Jana zum Badesee. Emmi darf auch mit.
„Kannst du mir die Schwimmflügel aufpusten?", bittet sie Jana.
Jana pustet.
„Wenn ich ohne Schwimmflügel ins Wasser gehe, dann gehe ich unter", sagt Emmi. „Ich bin vielleicht zu schwer zum Schwimmen."

Jojo lacht: „Du bist doch nicht zu schwer! Schau mich an, ich bin genauso schwer wie du und gehe auch nicht unter!"
Denn Jojo kann seit einem Monat ganz ohne Schwimmflügel und ohne Schwimmgurt schwimmen.
„Bei dir ist es eben etwas anderes", sagt Emmi. „Du bist ja auch ein Junge. Vielleicht schwimmen Jungen leichter!"
„Du musst eben üben", sagt Jojo und steckt probehalber seinen großen Zeh ins Wasser. Ganz schön kalt.

„Hilfst du mir beim Üben?", fragt Emmi und rennt in den kalten See hinein, dass es nur so spritzt.

Erst schwimmen sie einfach nur so. Und dann hilft Jojo Emmi beim Üben. Er zeigt ihr, dass sie mit den Füßen wie ein Frosch machen muss. Und dass man darauf vertrauen muss, dass das Wasser einen trägt.

„Wenn Jojo mit dir weiter so fleißig übt, kannst du sicher auch bald ohne Schwimmflügel schwimmen", sagt Jojos Papa auf dem Nachhauseweg.

„Weißt du was, Emmi?", fragt Jojo zu Hause. „Du könntest mir doch auch ein wenig beim Üben helfen!"
„Aber du kannst doch schon schwimmen!", erwidert Emmi erstaunt.
„Aber Fahrradfahren muss ich noch üben", ruft Jojo und deutet auf sein Fahrrad, das nicht fahren will.
Und da zeigt Emmi Jojo, wie man strampeln muss. Und dass man darauf vertrauen muss, dass das Fahrrad nicht umfällt, wenn man nur immer weiterfährt.
„Es ist nur gerecht", sagt Jojo, „erst helfe ich dir beim Schwimmenüben und dann hilfst du mir beim Fahrradfahrenüben."
Am Abend schmeißt er sein Fahrrad nicht mehr in die Wiese. Er stellt es vorsichtig in die Garage.

Das andere Mädchen

Als Jojo heute aus dem Fenster schaut, sieht er Emmi mit dem braunhaarigen Mädchen spielen, das vorne beim Bäcker wohnt.

„Annelie, soll ich mal meine Wippe zeigen?", ruft Emmi.

Das darf sie nicht, denkt Jojo und merkt, wie er wütend wird. Das ist nämlich gar nicht *ihre* Wippe, sondern diese Wippe gehört mindestens zur Hälfte auch *ihm*. Diese Wippe ist nämlich aus einem Brett gebaut, das Emmi und Jojo gemeinsam über einen Ziegelstein gelegt haben, damit es hin und her schwankt.

Aber es nützt nichts, dass Jojo wütend wird. Emmi und Annelie wippen jetzt auf diesem Brett hin und her. Ohne ihn.
Jojo will eigentlich gar länger aus dem Fenster schauen, aber er bleibt trotzdem stehen.
Da sieht er, dass Emmi jetzt mit Annelie mit dem roten Ball spielt, mit dem sonst *er* gemeinsam mit Emmi spielt. Und dann sieht er noch, dass Annelie das Loch anschauen darf, das Emmi mit *ihm* gestern gegraben hat.
„Annelie, soll ich dir mal den großen alten Baum zeigen?", ruft Emmi gerade vor dem Fenster. Und Jojo möchte rufen, dass das ungerecht und gemein ist, dass Emmi mit Annelie zu dem Baum geht, der doch eigentlich Emmi und Jojo gehört und auf den doch eigentlich immer nur sie beide klettern und niemand sonst! Aber er ruft nicht, sondern bleibt stumm und wütend am Fenster stehen und kann es nicht fassen, dass seine Freundin Emmi jetzt tatsächlich mit Annelie hinüber auf die Wiese zu dem großen alten Baum läuft.
Da nimmt sich Jojo vor, nie wieder ein Wort mit Emmi zu sprechen!
Soll sie doch mit Annelie spielen, wenn sie das so toll findet! Und Jojo setzt sich an den Küchentisch zu Mama, die dort gerade irgendwelchen Schreibkram erledigt.
„Was ist mit dir, Jojo?", fragt Mama, als sie spürt, dass er Kummer hat.
Jojo antwortet nicht.
„Willst du mal zu Emmi rüberschauen?", fragt Mama weiter.
Jojo schüttelt traurig den Kopf. Denn das will er überhaupt nie mehr in seinem Leben.

Zum Glück kommt in diesem Augenblick seine große Schwester Jana herein. In der Hand hat sie das funkelnagelneue Kartenspiel, das sie gestern beim Schulfest gewonnen hat.
„Hast du heute Zeit, es mit mir auszuprobieren?", fragt Jana. „Gestern warst du ja den ganzen Nachmittag mit Emmi im Garten."
Jana und Jojo setzen sich auf die Bank und spielen das neue Kartenspiel solange, bis sie es richtig gut können. Und dann spielen sie noch Schwarzer Peter, wo sie schon mal beim Spielen sind. Und danach malen sie beide mit Wasserfarben große bunte Bilder.

Und Jojo denkt sich, dass er einen so schönen Nachmittag mit seiner Schwester schon lange nicht mehr gehabt hat. Und ein bisschen denkt er auch, wie gut, dass heute Emmi mit Annelie unterwegs war. Sonst hätte er ja nie Janas neues Kartenspiel kennengelernt.

Als es Abend wird und Jojo Schnittlauch aus dem Garten holen soll, damit Papa ihn in den Salat streuen kann, trifft er Emmi.

„Hallo!", winkt Emmi ihm fröhlich zu.

„Hallo!", sagt Jojo und hat völlig vergessen, dass er ja überhaupt kein einziges Wort mehr mit ihr sprechen will.

„Stell dir vor", sagt Emmi, „Annelie kann überhaupt nicht auf unseren Baum klettern! Und das Loch, das wir gegraben haben, findet sie doof! Morgen müssen wir unbedingt noch eins graben, eins, das noch viel tiefer ist!"

„Ja", ruft Jojo zufrieden, „unbedingt."

Der Flohmarkt

Heute wollen Jojo und Emmi einen Flohmarkt machen. Bei einem Flohmarkt, das wissen sie, verkauft man Sachen, die man nicht mehr braucht. Denn irgendwelche anderen Leute können sie vielleicht noch gebrauchen und bezahlen dann dafür gerne ein bisschen Geld.

Jojo hat lange überlegt, welche Sachen er nicht mehr braucht. Schließlich hat er sich für einen Kreisel entschieden, den er nie benutzt. Und für einen Puppenwagen, der vor ihm schon seiner großen Schwester Jana gehört hat. Und schließlich will er noch einen kleinen Krankenwagen verkaufen, bei dem die linke Hintertür fehlt.

Jojo und Emmi haben sich verabredet, den Flohmarkt zwischen dem gelben und dem roten Haus auf dem Feldweg aufzubauen. Jojos Mama hat ihnen eine Tischdecke mitgegeben. Die breiten sie auf dem Boden aus.

„Was willst du verkaufen?", fragt Jojo neugierig.

„Eine rote Schaufel, die habe ich doppelt", sagt Emmi und legt sie auf die Decke. „Eine Kuscheleule, in die man eine Wärmflasche stecken kann. Und schau hier, ganz viele kleine Holzfiguren. Das Spiel dazu habe ich schon lange verloren."

Gespannt stellen die beiden ihre Sachen auf die Decke. Alles soll schön aussehen, damit die Leute, die vorbeikommen, auch wirklich Lust bekommen, eine Schaufel, einen Kreisel oder einen alten Puppenwagen zu kaufen.

Dann setzen sie sich neben ihren Flohmarktstand und warten. Und warten.
Und warten immer noch.
Aber es kommt lange keiner, weil der Feldweg zwischen dem roten und dem gelben Haus nur auf die Wiese und zum Wald führt.
Endlich spaziert eine Frau mit Hund vorbei und nickt den beiden freundlich zu. „Leider braucht mein Hund keine Schaufel", sagt sie.
Ein wenig später kommt ein Jogger vorbeigelaufen. Der läuft so schnell, dass er kaum einen Blick auf all die schönen alten

Sachen werfen kann. Beinah wäre er über den Puppenwagen gestolpert.

„Niemand will unsere Sachen", sagt Emmi traurig. „Dabei sind sie noch so schön!"

Jojo nickt. Das hat er sich auch schon die ganze Zeit gedacht. Er findet Emmis Kuscheleule sehr praktisch. Schließlich hat er oft Bauchweh, da könnte er eine Eule, in die man eine Wärmflasche hineinstecken kann, gut brauchen.

„Weißt du was?", fragt er schließlich. „Könnte ich vielleicht deine Kuscheleule kaufen?"

Emmi schaut erst erstaunt, dann nickt sie.

„Das kostet aber Geld", sagt sie.

„Ich hol welches", sagt Jojo und läuft zu seiner Sparbüchse in seinem Zimmer. Dann gibt er Emmi einen Euro.

„Willst du vielleicht auch noch eine Schaufel?", fragt sie.

Jojo nickt und gibt ihr wieder einen Euro. „Eine Schaufel kann man immer brauchen", sagt er.

„Der Puppenwagen dort ist auch viel zu schade, um ihn fremden Menschen zu verkaufen", meint Emmi. „Willst du ihn nicht lieber mir geben?"

„Gerne", nickt Jojo. „Der kostet aber zwei Euro. Weil er so groß ist."

Emmi bezahlt mit den zwei Euro, die sie gerade von Jojo bekommen hat, und freut sich, dass sie so einen schönen Puppenwagen ergattern konnte.

„Der Flohmarkt hat sich doch wirklich gelohnt", sagt sie zufrieden.

„Ja", nickt Jojo. „Kaum zu glauben, direkt vor der Haustür gibt es so tolle Sachen zu kaufen!"

Die Übernachtung

An dem Abend, an dem Jojo bei Emmi übernachten darf, spielen sie draußen im Garten, bis es längst dunkel ist.
Emmis Mama und Papa und Jojos Mama und Papa und auch seine große Schwester Jana, alle haben sie gemeinsam Würstchen gegrillt und Schokopudding gegessen. Danach haben sie gemeinsam Ball gespielt und außerdem viel gelacht. Und inzwischen ist der Mond aufgegangen und steht rund und voll am Himmel.
„Nun heißt es aber schnell ins Bett!", sagen die Eltern schließlich und Jojo freut sich, dass er sich dazu überhaupt nicht von Emmi verabschieden muss. Denn er darf ja bei ihr im Zimmer übernachten.
Emmis Mama hat eine Matratze auf den Boden gelegt. Dazu hat sie ihm eine Decke und ein Kissen bezogen. Es sieht sehr gemütlich aus.
„Ich kann von meinem Bett aus deine Füße sehen", sagt Emmi und lacht.
Müde und glücklich von dem langen Tag legt Jojo sich auf die Gästematratze unter die Decke und streckt die Füße raus, damit Emmi sie besonders gut sehen kann.
Während Emmis Mama ihnen eine Gutenachtgeschichte erzählt, denkt Jojo an seine Mama und seinen Papa und an Jana und daran, was sie jetzt wohl ohne ihn zu Hause machen. Und fast bekommt er ein bisschen Heimweh.

Aber dann muss er lachen, weil Emmi verlangt, dass er mit seinen Füßen wackeln soll, die sie so gut von ihrem Bett aus sehen kann. Und nachdem sie noch eine Zeit lang mit den Füßen gewackelt und gelacht haben, schlafen sie beide ein.
Mitten in der Nacht wacht Jojo auf. Alles ist still und dunkel um ihn und alles riecht so fremd, dass er erst überlegen muss, wo er ist.
Plötzlich sieht er vor dem Fenster einen langen Schatten. Als würde ein gemeiner Einbrecher mit langen Fingern nach ihm greifen wollen!
„Emmi!", ruft Jojo leise. „Bist du noch da?"
„Wo soll ich denn sonst sein", murmelt Emmi zurück.

„Siehst du nicht den Einbrecher vor dem Fenster?", flüstert Jojo.
„Quatsch", murmelt Emmi, „das ist der Baum, der solche Schatten macht."
„Ich habe aber trotzdem Angst vor dem Einbrecherbaumschatten", meint Jojo.
„Dann nimm meine Kuschelmaus Egon", sagt Emmi und wirft sie ihm zu. Jojo legt die Kuschelmaus Egon neben seinen Kopf und versucht wieder einzuschlafen. Aber es geht nicht.
„Dann nimm meinen Kuschelhasen Gigi", sagt Emmi und wirft ihm den Hasen zu. Jojo legt Gigi neben Egon und versucht wieder einzuschlafen. Aber es geht immer noch nicht.
Da wirft ihm Emmi noch ihre Puppe Susi, ihr Schweinchen, ihren Elefanten und all die anderen Kuscheltiere zu, die bei ihr am Bett sitzen und in der Nacht bei ihr Wache halten.
„Jetzt kann ich gut schlafen", meint Jojo und kuschelt sich zwischen die Tiere.
„Aber ich kann jetzt nicht mehr einschlafen", sagt Emmi. „Ohne meine Kuscheltiere geht es nicht."
Und deshalb kommt sie aus ihrem Bett gekrabbelt und legt sich auch zu Jojo und all den Kuscheltieren auf die Matratze.
„Wie unglaublich gemütlich wir es hier haben, wir zwei", sagt sie und Jojo nickt.
Soll doch der Baum vor dem Fenster gespenstisch winken! Soll doch der Wind am Fensterladen rütteln!
Emmi und Jojo merken von all dem nichts. Sie sind schon längst eingeschlafen.